Pour Bovi,

2017-2024

Édition : BoD · Books on Demand GmbH,
In de Tarpen 42, 22848 Norderstedt (Allemagne)
Impression : Libri Plureos GmbH,
Friedensallee 273, 22763 Hamburg (Allemagne)
ISBN : 978-2-3225-5913-8
Dépôt légal : Octobre 2024

Bortolato Enzo

La Fleur de Ma Simple Pensée

Remerciements

Ce recueil n'aurait pu être réalisé tel qu'il apparaît aujourd'hui sans le précieux concours de nombreuses personnes auxquelles, j'exprime ici ma sincère gratitude et mon amour.

Je te remercie, lecteur d'avant l'heure pour ta patience, ton temps et ton énergie. Je te remercie pour ces messages, ces soutiens, ces pensées et tous ces mots qui me font chaud au cœur. Cette aide précieuse a fait de moi ce que je suis aujourd'hui.

Merci pour cette compréhension et cette chaleur qui m'ont poussé vers l'éveil, j'ai pu passer par de nombreuses émotions durant ces années d'écritures, J'ai pu grandir ou encore prendre en maturité par ton accompagnement et ton amitié.

Tu as été pour moi une source d'inspiration, faisant le relais entre ma pensée et ma plume, me faisant voyager dans un monde parfait que je rêve de connaitre. Dans ce monde si différent la douleur n'existe pas, tout comme les émotions qui ne sont que des nuages s'évaporant dans l'infini.

Cette aventure était fabuleuse, il y a eu de la couleur, des rires et de la passion mais avant tout de la sincérité, et sache, qu'avant toute chose, c'est que si tu as pu me lire à de nombreuses reprises tout au long de mon voyage, c'est que tu es une personne chère à mon cœur.

Ma famille, mon cher ami, merci.

Préface

L'orage de la pleine lune fait couler la pluie des temps perdus, alors j'ai décidé d'écrire, d'écrire bien plus que ma simple pensée, d'écrire à l'aurore ou sous les étoiles pour qu'à un seul soupir, je puisse plonger dans l'obscurité, fermer les yeux puis rêver.

J'ai voulu retranscrire l'éclosion de la fleur de ma pensée en me plongeant dans un long voyage. Qui à travers le temps s'est retrouvée parsemé d'émotions et de feuilles brunies prêtes à mourir en silence en se préparant pour l'hiver funeste.

L'hiver n'était pas si froid, tout comme le noir qui n'est pas si laid ? Le vois-tu ? L'as-tu connu peut-être ? C'est devenu un ami, sous la pluie, il m'a partagé son cœur, me faisant aimer les choses simples ou plus sombres.

Toutes ces pensées font partie de mon âme, qui chaque jour se rapproche un peu plus de son éveil pour un jour peut-être s'ouvrir vers un nouveau monde…

LE BOURGEON D'ESPOIR,

La raison de rêver

Un oiseau git près d'un tronc,

Il chante de cœur la saison,

Rêvant peut-être un peu de pluie,

Lui, qui d'un grand soleil se réjouit

Dans ce soleil résonne la vie

Agitée, elle ne sait où donner

S'accordant une danse de paix

Où elle partage toutes ses envies

Dans cette vie jaillit une fleur,

Ou un bourgeon défiant les couleurs,

Hésitant encore de quel côté aller,

Se rapprochant du droit de rêver

L'oiseau vole dans le temps

Vole oiseau, vole dans le ciel

Vole près des champs de fleurs

Où les abeilles font leur miel

Vole oiseau, vole loin de cette grande froideur

De ceux qui te rêvent, que le temps chéri

Vole, puis pose ton cœur à son envie

La nuitée captivante

Un rêve est venu bouleverser mon sommeil
D'un étrange parfum d'azur qui s'émerveille,
Captivant tous mes sens, d'une chaleur certaine,
Qui, d'un seul souffle, éloigne du cœur la migraine.

La douleur disparait de mon corps apaisé
Tel le long voyage de mon âme étoilée
Parcourant seule le ciel et toute sa robe
Révélant les secrets du messager de l'aube

Qui, calme, pose la rose de la pensée
Pour danser parmi les étoiles altérées
De symphonies célestes et d'une mélodie
Eveillant mon âme de cette nuit bénie

L'aube

Quand le ciel écourte la nuit
D'un long rayon de symphonie
Les oiseaux chantent à la vie
Ce qu'il en est de l'infini

Le pouvoir du rêve

Dans un siphon je sens l'air s'éloigner

Et j'observe les oiseaux s'envoler

Dans ce ciel je sens la peur m'emparer

Au détour de mes souvenirs passés

Le sifflement du vent se fait sentir

La pluie à son tour commence à rugir

Là où le soleil s'est senti périr

D'un simple éclat je me suis vu sourire

Au travers de la vitre un éclairci

Au-delà des nuages et des envies

Où se baladent les plates folies

Se rejoignant sur le fil de la vie

La danse de la peur

Les maux viennent à m'écrire,
Ils remplissent des songes,
Se mettant à danser près de moi

Aspirant un cœur prêt à périr
De cette peur qui me ronge
M'empêchant de garder la foi,

Alors les mots viennent m'offrir,
Une étoile qui me plonge
Peu à peu dans un monde de joie

Le frisson éveillé

Une porte en bois s'ouvre à ma vue,
Elle laisse émerger une grande lumière dorée
Qui traverse tout mon être dépourvu
Jubilant de frissons enchantés

Ces frissons font oublier la pluie,
Ils font rayonner un soleil séduit
Par le puits de la porte à la clé
Qui rayonne à son tour de l'été

Ces frissons font oublier le froid,
Toutes ses peurs et ses chaleurs,
Nuancées au profond de mon cœur
Effleuré par un esprit d'effroi

Alors, une dernière fois je frissonne,
Me targuant d'un sourire erroné
Qui ne reflète qu'un passé
Préférant écouter la musique qui résonne

La simple folie d'un rêve

Dans l'écrin du temps, les rêves s'enlacent
Des pages du passé dansant de couleurs,
Peignant les portraits des soupirs de mon cœur
Naviguant dans un souffle infini

Que la passion ne fait que vibrer
Comme l'air porté par ces mélodies
Où chaque mot n'est que l'échos d'une brise
S'épanouissant d'une lumière fragile
De la nuit et d'un ciel étoilé

La douce folie de ma valse en comptine ;

Les yeux de la nuit se muent dans un masque noir
Et dans l'esquisse de la folie de l'espoir
Miroitant la délivrance des mouvements
Qui s'agitent là, sous la mélodie du temps

Puis cette puissante symphonie s'accélère,
Envenimant seule de raison la lumière
Entre la longue danse et la pensée qui livre
Toute une harmonie que cette liaison enivre

Les couleurs se fascinent alors de vermeil
Dans l'équilibre du passé qui s'émerveille
Là où se perd la larme d'un seul tourbillon
Que fuit l'abîme d'un étrange carillon

Le temps se tut pour que la folie se partage
Au-delà du nuage au détour d'un voyage
Dans le charme consensuel du parallèle
Là où se consume ce doux bal éternel

Soleil

Fleur de pensée
Puis Fleur d'aimer
Pensée sauvage
Futile voyage,

Nuage qui passe
Ciel se trépasse
Soleil se cache,
Lui bien trop lâche,

Laisse apparaître
Du plus profond de son être
Sa peur malgré lui
Voilà la pluie

Tout sens

Nuage sans ciel à l'horizon

Voyage le ciel à foison

Ailées se déplacent les saisons

D'un tonnerre dépourvu de raison

Voyage

Horizon de nuages

Sur une plage vide

Si proche d'une image

De la montagne humide

Montagne se déplace

Et du soleil se lasse

Qui de l'aube se fâche

Pour que le temps se cache

Du bleu passe le rouge

Et du sang le ciel bouge

D'un brouillard si épais

S'enfonçant à jamais

Un nuage incolore

La clarté de la lueur

Près du pupitre du cœur

Là, où s'extase une fleur

Laisse soupirer des pleurs

Puis, Silence sans rancœur

Des vieux secrets du bonheur

Dansent là, avec ferveur

Dans un instant de douceur

Qui, une fois révolu

S'ouvre un nouvel inconnu

L'esprit apaisé

Une goutte tombe dans le lac des sentiments
Là où un rêve flottait patiemment,
Dans le désir d'éclairer mon esprit
Qui, à lui seul nourrit mon envie

L'échos de la goutte se voile
Dans le fond du miroir sans fin
Faussant le reflet des étoiles
De la vague guidant le chemin

L'errance du Voyageur enchanté

La nuit passée était naturellement pâle

Par la lune se reflétant dans un canal

Le vois-tu ? Cet inconnu qui blanchit d'envie

Au travers des feuillages de la mélodie

L'entends-tu ? La symphonie des bourgeons chanter

Qui n'attend plus que l'aurore pour s'éveiller

Se prélassant du bal des branches enchantées

Laissant paraître pour seul effet sa clarté

Le ciel peiné se teint de nuances rosées

Affaissant peu à peu les ombres apaisées

Près de l'empreinte du murmure des ruisseaux

Jusqu'au déclin de l'onde où repose son berceau

Ce voyageur serein dans cette nuit sans fin

Errait dans un silence couleur blanc de lin

Suivant de grands pas rêveurs, prêt à s'emporter

Dans le plus profond voyage de la pensée

Inspiration

Une plume se morfond tout près d'un cahier

Avant d'entamer l'illumination du papier

Qui, une fois usagé se met à rêver

Dans les songes qu'il vient de créer

LE PÉTALE OUBLIÉ,

La simple vie

Un arbre se dessine au loin,

Il laisse paraître sa peur de l'oubli.

Alors il respire,

Respire sans bruit,

Sans se soucier du temps,

Sans se soucier du présent,

Sans même penser à demain.

Peut-être est-il seul,

Le dernier encore ici,

Tandis que tous sont partis,

Et que la terre, humide et grise,

S'imprègne d'un pétale

Subjuguant la pluie.

Au lendemain de l'orage

Au lendemain de l'orage, je marcherai

Sous des cieux apaisés où mes pas guideront

Mes yeux dans l'ombre des nuages enchantés

Qui sans se retourner chercheront l'horizon

Au lendemain de l'orage, je marcherai

Oubliant la raison de ma fleur de pensée

Comme obnubilé par le présent du passé

Traversant mon esprit d'un voyage isolé

Au lendemain de l'orage, je marcherai

Dans les douces vapeurs du parfum de l'été

Aux pétales d'azur, aux roses étoilées

Eveillant en mon être des joies oubliées

Au lendemain de l'orage, je marcherai

Jusqu'aux lourds échos des battements essoufflés

Faisant couler l'espoir de la pluie déversée

Le long de mon regard à jamais égaré

Les murmures

Entends-tu ces paroles chantonner ?

Ecrire des merveilles s'enchanter,

Laissant rêver la douce cécité

De l'ombre d'une tendre clarté

Entends-tu le souffle d'un songe ancien,

S'éveiller doucement sous l'air serein,

S'éclairer les pas d'un chemin lointain,

Où les rêves s'effacent au matin

Entends-tu ces paroles chantonner ?

Ecrire des merveilles m'enchanter,

Laissant rêver là, mon simple passé

Des ombres qu'il a alors oubliées

L'oiseau sans fin

Un oiseau gracieux déploie de longues ailes
Dans un ciel tumultueux où le vent s'emmêle
Entre le silence et un rêve de merveille
Laissant entrevoir l'espoir d'un levé de Soleil

L'oiseau estompe le temps et trompe la vie
Tourmenté dans une singulière folie
Fascinant de la simplicité d'un regard
Il transmet la lumière du faisceau d'un phare

La lumière que cet oiseau va tant aimer
Se prolonge serein dans le cœur du passé
Dissipant l'obscurité de toutes pensées
Semblable à la houle paisible et réservée

L'oiseau perd pour la dernière fois une plume
Qui calme, s'envole et disparaît dans la brume
Comme s'il n'avait jamais quitté
Ce doux ciel qui l'a tant vu voler et bercé

La bûche des souvenirs

Je regardais charmer le feu se consumer
En étant assis tout près de la cheminée
Dans la violence des flammes crépitaient
Tous les souvenirs d'une forêt oubliée

Qui d'un seul murmure file dans le passé
Laissant surgir les mots dans un vent épuré
Négligeant une douce folie égarée
Devenant la poussière de l'éternité

Le désir

Je me suis assis à l'ombre d'un chêne,

Pour t'observer gambader sur la plaine

Je t'ai suivi traversant la prairie

Puis mon regard naviguant t'a choisi

Magie qui opère dans mon esprit

D'un processus sentimental abouti,

Ou d'une réflexion étourdie

Contemplant la profondeur de l'envie

Le café singulier

Dans un café seul à écrire
Mes yeux fermés te voient sourire,
Te voient ici tout près de moi
Et à la fois j'entends ta voix

Dans ce café, à mes côtés
Ton visage s'est dessiné
Tes cheveux courts se sont mêlés
À mes deux mains pour t'embrasser

Dans ce café, je crois rêver
Tout est si beau et étoilé,
Ensoleillé et fabuleux
A me noyer, je suis heureux

Dans un café, j'ouvre mes yeux
Désormais seul et amoureux
Tu n'es plus là, je broie du noir,
De ce café plus qu'une histoire

La fin de l'été

Un rayon de soleil se projette sur mes yeux,

Il est si clair qu'il laisse apparaitre le ciel,

Un ciel bleu où les oiseaux peuvent voler

Sans aucune peine, d'un bonheur partiel

Les fleurs s'ouvrent d'un pétale soyeux

Profitant à l'air des feuilles enchantées

Qui rêvent un peu du passé exilé

Pour mieux se couvrir de la fin de l'été

La raison

J'ai l'envie de me confondre dans le passé

Pour me jubiler de ton sourire en été

Qui m'apporte une illusion de la vision

Allongé dans le ciel défiant les saisons

J'ai l'envie de regarder passer les nuages

Après les étoiles qui ne font que passage

Dénigrant le temps et inspirant le présent

D'une idylle ou d'un simple discours éloquent

J'ai eu l'envie de me rappeler sans souffrance

De ce moment où les maux n'étaient que silence

Par le vent laissant paraitre sa méfiance

Dans de longues histoires qui ne font plus sens

J'ai l'envie d'oublier cette simple raison

Et de me coucher les yeux remplis de passion

Dans une lumière aveuglante et bien trop pure

Qui laisse l'amertume dans une blessure

J'ai l'envie d'ouvrir les yeux pour t'apercevoir

Partager tes soirées, te suivre dans le noir

Pour rentrer dans tes rêves et dans ton sommeil

Être le héros des songes qui t'émerveillent

J'ai eu l'envie de percevoir ton doux parfum

Laissant agiter mon cœur d'un projet commun

Avec mon esprit évasif et maladroit

Qui par un soupir laisse apparaitre ta voix

Je n'ai que l'envie de penser à toi

Dans le simple reflet de mes regrets

Qui dans mes songes ne font que s'agiter

Pour ne plus saluer cette voie

J'ai eu l'envie d'apercevoir la peur

Pour mieux percevoir la crainte d'un cœur

Qui voyage là où le vent le mène

Afin d'explorer toutes les plaines

Alors, dans les éclats, les étoiles de passages

Me permettent d'apercevoir ton visage

Perdu dans le temps, dans l'espace infini

Entre les rêves et la réalité qui s'enfuit

La mélodie de mon âme

Une mélodie esquisse un sourire

Au confins de ma fleur de pensée,

Elle effleure l'âme, la fait chavirer

Dans un doux frisson qui vient à s'ouvrir

Les notes dansent, légères et éphémères,

Eclairant l'ombre de mes désirs,

Là où chaque accord réveille des souvenirs,

Comme l'espoir d'un souffle sincère

Reviens moi

Prêt à périr d'une maladie symphonique
L'orchestre va jouer sa dernière partition
Avec la fureur de sa simple création
Pour se rappeler de sa première musique

Sa première musique douce et délicate
Était heureuse pour un public à sa hâte
Qui chérissait la page d'une chaleur moite
Remplaçant une vie monotone et bien plate

Une vie qui s'est remplie d'amour et d'envie
Mélangeant un doux air et une mélodie
Dans la douceur de cette profonde harmonie
Faisant rentrer tous les sentiments en conflit

Dans un élan d'émotions et de pensées
Pour s'unir entre les larmes et le passé
Mes rêves ne voient plus que toi dans ma mémoire
Du simple espoir d'avoir pu te dire au revoir

Le rire

Un rire s'aperçoit au loin,

Il est loin ce rire,

Alors je ferme les yeux

Pour ne plus croire à sourire

Alors il glisse entre les ombres,

Dans les brumes d'un passé,

Eveillant des souvenirs

D'un bonheur oublié

Un dernier voyage

La cécité d'un clair de lune dans la brume
Fait plonger la mémoire tout près d'une plume
Qui écrit à l'encre un souvenir oublié
Tel un bateau de pensées s'amarrant à quai

Dans un silence, une étoile cache les mots
Guidant le voyage et le chemin d'un ruisseau
Là où la nuit s'enveloppe d'une lumière
Couvrant l'âme de la liberté de la mer

Cette liberté sourit seule dans la nuit
Dispersant un doux parfum de mélancolie
Dans la négligence d'un vent insouciant
Au-delà du temps et parcourant l'Océan

Puis ce voyage se lie d'un profond sommeil
Là où cette étoile scintille dans l'éveil
Sous ce clair de lune les souvenirs se scellent
Au bateau naviguant au périple éternel

La pensée raisonnable

Une passion grise ici se glisse,

Près du grand ruisseau, la lumière jaillit,

Dans la nuit, un reflet nous guide,

Là où, en amont, la raison s'enfuit

L'évasion subtile

Un léger souffle s'égare,
Dans l'ombre d'un cœur éteint,
Où l'espoir fragile s'empare
Des confins d'un rêve incertain

La nuit, complice du silence,
Glisse doucement sous nos pas,
Et l'âme, en quête d'innocence,
Disparait d'un seul éclat

LE TUMULTE CÉLESTE,

La tempête infinie

La pression du tonnerre s'exhibe
Dans un courant infini qui s'épuise,
Plongeant mon regard dans l'obscurité,
Sans couleur pour éclairer l'horizon

Les éclats du ciel grondent en silence,
Révélant des ombres qui s'effacent
Alors je marche, perdu dans cette danse,
Cherchant désespérément une trace

Le vent s'agite, les étoiles vacillent,
Leur éclat n'est plus qu'un soupir éteint
Dans ce chaos, la lumière se fige,
Et la nuit règne comme seul destin

Mais au cœur du tumulte, un souffle fragile,
Un murmure, une lueur vacillante,
Ressurgit des cendres volatiles,
Pour réveiller la tempête endormie

Battement

Le vent ne souffle plus, il s'agace

Du temps, des saisons et des moissons

Les eaux ne montent plus, elles menacent

Des lacs, des rivières et des lagons

Puis mon cœur ne bat plus, il se prélasse

D'une idée, d'un visage ou d'une raison

La pression du vent perdu

J'ai vu des oiseaux s'envoler

Vers un ciel noyé qui s'oubli,

Leurs ailes frôlaient l'éternité,

Dans la détresse de la pluie

Et de la brume, un souffle me guide,

Un murmure venu d'ailleurs,

Des pensées éparpillées et fluides,

Dansant au rythme de mes peurs

Chaque battement me rappelle,

Que la nuit n'est jamais si noire

Quand l'aube tisse une étincelle

Dans le chaos de mon espoir

Alors je laisse le vent m'emporter,

Déposant mon cœur sans défense,

Sur un chemin de vérité,

Où fleurissent mes souffrances.

Ciel étoilé

Regarde, au loin les étoiles

Elles brillent et trépassent

Pour qu'avec le ciel s'enlacent

Vois-tu ? Elles se dévoilent

Là, jouissant de bonheur

Dans cette nuit incertaine

Elles se cachent des pleurs

Pour qu'ainsi, cesse ma peine

Ciel noir

Un regard banal au bord d'un lac

Se métamorphose en rencontre

Que la pluie vient noircir et entraver

En creusant un gouffre douloureux,

Cette douleur fait partie de moi,

Je ne crois plus à la pensée

Mes sentiments sont moroses

Par la volonté d'éclairer,

Ou de reboucher les lésions

Du soleil qui ne brille plus

Enfermé dans le noir du néant

Et dans sa solitude éternelle

Première fraicheur

A l'extérieur il fait froid, alors je prie,

Je ne prie pas par croyance, mais par envie

Simplement à l'idée de croire qu'il fait beau

Dans mon cœur froid, épuisé et coulant à flot

Le ballon

Il est tard et un ballon s'enfuit des regards

Ce ballon coloré s'envole dans le noir

Une couleur ? Je pensais mais je sais plus

L'obscurité du ciel du ballon s'en est plu

Il est tard et les regards s'enfuient de la lune

Qui perçait les songes dans les moindres lacunes

Est-ce un ballon ? Je pensais mais je ne sais plus

Ce fût peut-être un rêve, ou la mue d'un salut

Tristesse

Le courage des larmes qui coulent
Fait espérer le temps dans la houle
Du grand navire d'un cœur lassé
Par la peur du passé oublié

Un rêve d'enfant

Le silence s'est installé près d'un radeau

Où les gémissements fuient des roseaux

Le vent s'essouffle à penser et se tut

Les gens qui passent semblent abattus

Il soufflait si fort que l'enfant volait

Si fort volait l'enfant voulait rêver

Une folie abjecte

Une étoile brillait dans le ciel

Sa chaleur vive était pure

Son visage était doux

Ses yeux reflétaient l'univers

Mais ce matin, l'étoile a disparu

En ouvrant les yeux j'ai ri

Naïvement, dans ma folie

Pour combler le vide

Puis, plus aucun rire ne transparait

Plus aucune émotion n'en ressortait

Mon visage s'est fermé

Et les larmes ont coulée

Vide

J'ai
À croire,
D'aimer
Souffrir
À rêver
Mourir

Amertume

Ecoute donc le ciel trépasser
Et s'emmêler dans un désir parfait,
Qui écarte les larmes foncées
D'un visage déjà oublié

Les échos d'un doux rêve éphémère
Glissent en ombres sur l'univers.
Dans la brume, une lueur s'éteint,
Comme l'âme d'un soir incertain

Le reflet des ombres

Dans le silence d'une nuit noire,
Se dresse une ombre sans mot
Qui glisse entre les étoiles tel un oiseau,
Cherchant sa place dans ma mémoire

Le ciel éclate sous des vents tourmentés,
Et la brume enlace les souvenirs enfouis,
Tandis que la mer reflète une vérité
Qu'au loin, les vagues sombrent d'ennuis

Une lueur vacille, mais elle persiste,
Dans l'infini d'un ciel lourd de pensées,
Tissant des rêves où le monde résiste
Face au déclin des astres oubliés

Les ombres, dans leur danse s'éveillent,
Ramenant à la vie les murmures égarés,
Comme des fragments d'échos sans pareil,
Portant l'espoir des âmes à jamais liées

J'ai voulu rêver

La pluie s'invite, au gré de mes pensées,

Chaque goutte résonne, prêtes à chanter,

Elle caresse la terre, la douceur de l'été,

Ranimant les souvenirs d'un lourd passé

Et là, dans le silence, un cri s'élève,

Une lueur vacillante fend l'immensité,

Je suis là, prêt à plonger dans la trêve,

Cherchant l'espoir de l'étoile oubliée

L'étoile sans fin

Une étoile brille dans le ciel noir de la nuit,

Elle éclaire un peu les chemins,

Elle se voit comme l'échos de mon âme,

Avant de sombrer à son tour

TABLE